세월을 품은 노을이 아름답다

신동진 시집

채운재 시선 204

세월을 품은 노을이 아름답다

신동진 시집

당신이 색칠한 노을이 아름답습니다
다 담을 수 없는 오늘 하루도 그렇고
함께 했던 지난날들이 그렇습니다
늙을 막 가는 길이 행복합니다
당신은 바람난 구름입니다

시인의 말

분수에 넘치는 신세계를 살아갑니다
일 년 전만 해도 감히 상상할 수 없는
일이 일어났습니다
첫 시집을 펴냅니다

무식하면 용감하다는 말
왜인지 알았습니다
깜도 안 되는데
덜컥 일을 저질렀습니다

더 고뇌하고 사랑해야 할 일들이
많아졌습니다
눈에 보이는 자연과 모든 사물이
대화의 시작이고 통로인 것도
알았습니다

그러니
시는 세상을 관통하고
사람들의 마음을 후벼 팝니다
정신세계를 여행하며 위로받고
공감하며 도전받습니다

퇴고를 도와주신 청림 서정원 시인님
발행을 도와주신 현대문학사조
양상구 대표님께 감사를 드립니다

더불어
시를 쓰고 읽는 모든 분들이
행복했으면 좋겠습니다

시인의 말 … 4

제1부
젊은 날의 초상화

내 고향 수락촌	14
송당 고모	15
소꿉놀이	16
죽마고우	18
낙화암에서	20
봉숭아꽃	21
남자와 여자	22
풋사랑 이후	23
물놀이	24
누이 생각	25
바람	26
아버지의 한숨	27
농군	28
할머니 옛날이야기 - 소쩍새	29
굴뚝 연기	30
빛바랜 사진	31
설빔	32
노부부	33
미련	34
별똥별(流星)	35
추석	36
나이 들면서	38
젊은 날의 초상화 - 봄	40
젊은 날의 초상화 - 여름	41
젊은 날의 초상화 - 가을	42
젊은 날의 초상화 - 겨울	44
천둥 번개	46
강아지풀	47

제2부
십자성의 추억

백마고지	50
초병	51
회상	52
피습	54
전우	55
우상	56
보훈병원 쉼터	58
독박	59
곱돌산에서	60
오음리	61
남지나해 - 남중국해	62

차례

제3부
동행

아버지의 마음	66
첫사랑 온유	68
홀로 아버지	69
외갓집 가는 길	70
과꽃	72
첫눈	73
눈길	74
다가온 이별	75
조카딸 지숙이	76
손죽도의 향기	78
함박눈	79
어머니	80
밤의 한기	82
유택(幽宅)	83
수석	84
동행	85
봄비	86
큰아이 생일	87
가시나무 새	88
상사화	89
연모	90
접시꽃	91

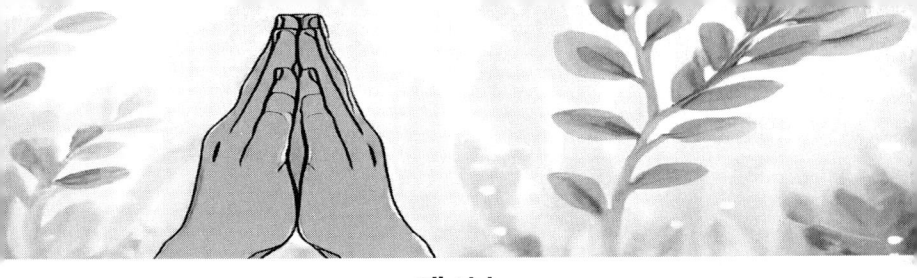

제4부
새벽기도

파도가 온다	94
고씨네 집	96
나가사키의 아침	97
덕혜옹주	98
그립습니다	99
임종	100
생(生)이 간다	101
수능시험	102
어머니의 성경 필사	104
야월의 소리	106
사명자의 길	107
새벽기도	108
나무수국	110
동상례(東床禮)	111
등이 시리다	112
추락(墜落)	113
시비(是非)	114
한여름밤 꿈	115
갈대숲	116
뒤 끝	117
소나기	118
그대 그리고 나	120

차례

제5부
소소한 행복을 찾아서

애기똥풀	122
철쭉	123
오월의 몸살	124
꽃 길	126
봄 오는 소리	127
겨울 덕유산	128
겨울 철새	129
건강 검진 - 내시경 검사	130
홍시	131
꿈	132
아침이슬	133
자운영꽃	134
조약돌	135
시화전(詩畵展)	136
의림지에서	137
어떤 오해	138
더위 먹은 독백	139
보라카이 해변 - 신안증도	140
감자꽃	142
시래기	143
초복	144
문풍지	145
네일아트(nailart)	146
용돈	147
조용한 오후	148

10 · 세월을 품은 노을이 아름답다

제6부
나의 달려갈 길

마지막 출근	150
여전히	151
나의 달려갈 길 - 정년퇴직 이후	152
퇴뫼산	154
김 양식장	155
장흥의 밤	156
녹동항에서	157
빈 의자	158
놀이터	159
옥수수	160
여름밤	161
광릉 숲	162
낡은 구두	164
수통골	165
담쟁이	166
해당화	167
여수 밤바다	168

감상평

신동진 시인의 시를 감상하며
- 청림 서정원 (현대문학사조 다솔문학 부회장) 172

제1부
젊은 날의 초상화

내 고향 수락촌

칠흑 같은 밤이면 풀벌레 잠든 숲으로 별이 찾아든다
영원할 거라 믿었던 첫사랑
밤에 만 피는 열꽃인가
아침 이슬처럼 사라졌다

백 년 더 되는 정자나무 긴 오솔길
절절하게 그리움
솔바람 타고 온다

지워진 사랑 아파서
에둘러 잊고 살았던
내 고향 수락촌

이대로 달려가
그때 그 사람 얼싸안고
못다 한 정분 나누고 싶다

송당 고모

초록빛 풀 향기 따라
들녘에 나서면 청보리 세상
바람 부는 대로 춤을 춘다
때로는 역동으로 하얗게 파도 되어 부서진다

청보리밭에 뛰어들어 벌렁 누우면
높고 맑은 하늘에 조각구름 솔솔 불어오는 바람
코끝이 상쾌하다

저 너머 옹기종기 촌락에는
그중 제일 잘 산다는 둘째 고모가 살고 있어
늘 친정 오라버니 걱정에 수심이 가득하다

삐죽 마당에 들어서면 너까지 왜 그 모양이냐
왜 나까지 걸고 넘어지실까
내게도 싹이 안 보였던 모양이다

소꿉놀이

진돗개 백구 태평세월
앞다리 포개고 낮잠 잔다

빨간 고추잠자리 한 마리
빨랫줄에 앉아 끄덕끄덕 졸고 있다

새신랑 새색시 신혼살림
장독대에 살림 차렸다

조개껍데기 밥그릇 괭이 풀 담고
사금파리 반찬 그릇 꽃잎 따 담고

오늘은 맘에 들지 않는
순옥이 각시 했다

영희 각시 하면 주려 했던
토끼풀 반지

집으로 돌아오는 길에
갈기갈기 풀어헤쳐 멀리 버렸다

죽마고우

만나면 하찮은 얘기로
박장대소
허리를 접었다 폈다
참 태평한 사람들

사춘기 때 몽정 윤근이 얼굴에
바르고 깔깔대며 신나 하더니
차마 이별을 예견하고 말 못 해서
찐 한 장난쳤나 보네

영구차 뒤따르며
지난 일들이 생각났다.
썰물 갯벌에서 칠게 잡느라
정신 줄 놓았다 밀물에 혼쭐나고
집으로 돌아오는 길
참외 서리 그 맛 잊을 수 없었지

너 월세방에서 고생 많이 했다
죽어서라도 고래 등 같은 집에서
한번 잘 살아 보라고
봉분을 높이높이 삽질하면서
목구멍 아프도록 왜장치며
제대로 한 번 집들이했다

돌아오는 길은 황량한 사하라사막
언제나 푸르를까
이끼 낀 돌팍엔 찬 서리 내리고
노을 지는 마당에 나 혼자 서 있다

낙화암에서

구중궁궐 비파 소리
한때 부귀영화 덧없다

백마강 강바람에
흐드러진 꽃잎 떨어진다

이름 없는 궁녀 일편단심 곧은 절개
군주는 알고 있을까

고란사 목탁 소리
넋을 달래는 살풀이인가

들릴 듯 말 듯 산사의 바람 소리
초연히 가신 님 곡소리로다

유유히 흐르던 물길 좁아지고
돛단배 나당(羅唐) 불청객 보이지 않는다

강바닥 아예 알몸 드러내고
길게 누워
삼천궁녀 모르쇠 한다

봉숭아꽃

빨강 꽃물에 한낮 태양도 물들었다

마당 장독대 앞에 옹기종기
예쁜 꿈을 꾼다

한 움큼 꽃잎 따서 백반 가루 섞어
두근두근 설렘 하얀 손톱 위에
이파리 살포시 덮어 명주실로 칭칭 감고

한나절 긴 시간 참고 기다리면
빨갛게 물든 손톱
시대를 앞서간 토종 네일아트(nailart)

좋아라 해맑던 그 시절 소녀들
지금은 어떤 모습일까
봉숭아 꽃 피면 어디선가
나처럼 빨강 손톱 생각하겠지

남자와 여자

모름지기
남자는 듬직해야 한다
말 많으면 실수가 잦다
무게만 잘 잡고 서 있어도
한 점수 따고 간다
무게는 중심이 필요할 터
오죽하면 신께서 추를 달아 줬을까
뒷모습만 봐도 꼿꼿하고
반듯해 흔들림 없다

모름지기
여자는 살가워야 한다
돌 짝 밭 같은 심성도 품어 녹이는
사랑의 대명사 모성애가 있다
그래서 남자들은 여성 앞에서 꼼짝 못 한다
오죽하면 신께서 배려했을까
뒷모습만 봐도 선녀처럼 우아하고 살랑살랑 여유롭다

풋사랑 이후

잘 살고 있을 거라 생각하니 좋겠다 싶어도 궁금합니다
오늘도 행복하셨나요
누군가 와서 물어본다면
나도 행복하다고 말할게요
이렇게 같은 시대에 살고 있다고 생각하니
정말 같이 있는 것 같습니다
공간은 다르지만 같이 숨 쉬고 사는 세상
아프지 마세요
당신만 힘든 것이 아니라 다른 사람도 힘들 테니깐요
지금도 옛 모습 그대로인가요
소식 끊긴 지 하도 오래되어
이제는 가물가물합니다
어디서 맞닥뜨려도 모를 테지요

물놀이

비 온 뒤라 물 풍년
동네 꼬마들 고만고만 깨복장이 쇼 즐겁다
한여름 뙤약볕에 까맣게 그을려
눈동자 흑진주 촉수 밝다
한 없이 세상은 평화로워라

시간이 멈춘 개울 마당에
첨벙첨벙 물소리 고삐 풀린 괴성
한낮 무더위 도망간다
고추 오그라붙어
푸릇푸릇 입술에 연지 바르고 부르르 진저리 친다
물장구치며 물싸움하던 내 안에 동심, 어디에서 찾을까

누이 생각

겨우내 지긋지긋한 설한풍(雪寒風)
아껴먹던 고구마도 바닥났다
봄바람이 채비하고 오는 것 같아도 나만 급하고
언제나 춘궁기(春窮期)는 황량하기만 하다
어느 세월 푸른 저 보리 누렇게 익어갈까
먼 산에 아지랑이 아른거리고
하루해 힘겹게 넘어간다
산나물 들나물 캐서
양식(糧食)에 보태던 누이 순이 엄니 소개로
서울로 식모(食母)살이 갔다
오늘따라 누이 생각으로 가슴이 먹먹
이럴 땐 차라리 펑펑 울어 눈물로 그리움을 씻어 내야겠다

바람

실바람 불어와
흠칫
알몸 부끄러워 걷어찬 이불 끌어당긴다
첫닭 울음에 깨어 일어나 새벽밥 지으시던 어머니
서울행 완행열차 기적소리에 꿈 실어 보내던 소년

이 아침 창가에 머뭇거린다
때 이른 코스모스 해장술에 취한 듯
비틀거리고 세상은 아무 일 없었던 것처럼 시치미 떼 지만
모든 것 바람이어라
모닝커피 줄어들고 빈 잔에 햇살 들어앉는다
삶은 희망으로 족하리

아버지의 한숨

누리끼리한 조끼 주머니 속에
무슨 소망이 들어 있을까요
꺼내든 풍년초 돌돌 말아
엄지 검지 끝으로 잡은 담배 정신없이 빨고 또 빨고
긴 한숨 길게 내뿜어도
오병이어 기적은 보이지 않고
가난에 찌든 응어리만 보입니다

농군

농자 천하지대본(農者天下之大本)
그러니 흙을 사랑하는 긍지로 살리라
어슴푸레 동트고
마당바위 쉼터 위로 부엉새 가볍게 날아간다
억새풀 쓰다듬으며 어서어서 가다 보면
재너머 여섯 마지기 다랑이 밭 있다

딸린 식구 많아 샛별 보고 갔다가
어둑어둑해지면 되돌아온다
온종일 심고 보살폈으니 하늘이 열매를 맺을 차례

깎아지른 촛대바위에 초승달 앉을까 말까 눈치 본다
한숨 몰아쉬고 집 앞에 다 달으면
청국장 냄새가 마당 밖으로 달려 나와
하루의 고단함을 끌어안고 반긴다

할머니 옛날이야기 - 소쩍새

싸라기눈 쌀가루였으면
소복소복 됫박에 담았을 걸
볏짚 무더기 풀어헤치면 낟알 하나 요깃거리

소쩍새 원혼(冤魂)
솥작다 솥작다 처량한 애곡(哀哭)
벌떡 일어나 큰 가마솥 보면 안심이 된다

굴뚝 연기

새끼줄 둘둘 말아 둥글게 공 만들어
흙먼지 뒤집어쓰고 공차기 한다
흐르는 땀 손 등으로
훌쩍거리는 콧물 옷소매로
검정 고무신 속으로 들어가는 흙은 벗어서 털고
벗겨지는 바지춤은 추켜올려 노끈으로 묶으면 된다
정신 팔려 놀다 보면 하루 해가 짧다
집집마다 굴뚝엔 하얀 연기 모락모락
눈 빠지게 바라보지만 우리 집 굴뚝 연기 보이지 않고
터벅터벅 골목길 들어서면 어디선가 금방 지어낸 밥 냄새
사정없이 코를 진동해 쑥 꺼진 뱃속이 안달 나 정신이 없다

빛바랜 사진

하얀 무명 적삼
검정치마
검고 긴 머리 곱게 둘둘 틀어 비녀 꼽으셨습니다
창호지로 바른 안방 문을 병풍 삼아
다소곳이 두 손 모으시고 힘겹게 앉아 찍은
흑백 사진 한 장
너무나 빛이 바래 긴가민가해서
보고 또 보다 어머니라 생각하니
또렷합니다
사월 봄날 젊은 엄니 미소 속에
그리움만 쌓입니다

설빔

대목장 가신 엄마 기다리다
지쳐서 할머니 무릎에서 잠들었다
머리맡에 알록달록 색동 목양말 한 켤레
설날 신으라고 엄마가 사 오셨다

노부부

장독대 한 폭 그림 같다
통통하게 알밴 항아리 서로 키 재고
뽀송뽀송 개운한 바람
반들반들 윤이나 귀티 부티 흐른다
마당 멍석에 아무렇게나 누워 일광욕 즐기는 붉은 고추
겉으로는 한없이 평화로운 것 같아도 속은 까맣게 타 들어간다

집 모퉁이 쟁기 삽 호미 낫 휴식 중
묵은 손때 더덕더덕
외양간 황소 울음소리 무료함일까
짝을 찾는 소리일까
수수하게 별 의미 없이
평상에 앉아 커피 한 잔 마시며
객은 곧 떠날 거라 생각하고 서광꽃 만 바라본다
커피 맛이 쓴 것인지 인생살이가 쓰다는 것인지
말없이 이맛살만 찌푸리고
퍼 나르는 세월만큼이나 골이 깊다

미련

호랑에 손 넣어 봐도 잡히는 게 없다
서랍에 넣어 놓은 것도 아닌데
맥없이 뒤적뒤적
세월이 약이겠지 하면서도 옹알이 신음

잊은 줄 알았는데 그것도 아니었나 보다
단 것은 단 것대로 쓴 것은 쓴 것대로
오히려 긴 시간 더 숙성되었다

어둑어둑 골목길 앞에 홀린 듯 서서 곱씹어도
홍역은 한 번이면 족하리
초라하게 새어 나오는 불빛에 허상(虛像)이 길게 누워있다
오호라 잊은 것이 아니라 묻어 둔 것이었구나

별똥별(流星)

어둠이 깊을수록 빛은 찬란하다
요강 만한 둥근 별똥
언덕배기 밭고랑에 떨어졌다
안동네 덕수할머니 돌아가셨나 보다
길게 꼬리를 달고 화살처럼 떨어지는
별똥을 보면
혹시 이 밤에 할아버지가 걱정된다
밤하늘에 무수히 떠 있는 별들을
평화롭게 훔쳐보다
또 유성이 날아가면 이번에는 누구일까
마음 싱숭생숭하다
여름밤 별들도 깊은 잠을 못 이루나 보다
숨었다 나타났다 날아가고 떨어지고
어지간히 부스럭거린다
어차피 잠 못 이루는 밤
같이 하얗게 지새우자
동틀 때까지

추석

노랑 쟁반 보름달 쫓다 멈추면
덩달아 멈추던 달을 보고
따라 하지 마 핀잔을 줬던 유년 시절

새 옷 새 신발
이때가 아니면 언감생심

송편 햅쌀밥 쇠고기 뭇국
파 전 동그랑땡 굴비 한 접시
일 년 열두 달, 오늘만 같아라
그 시절 행복이었다

잊고 살았던 지인들 안부를
전해 들을 때는 어제 일처럼
떠올라 반갑고 그립다
가라고 등 밀었던 것도 아닌데
너무 멀리 와 있다

아련한 추억 시간 속에 머물고
사무치게 그리운 것은
다시는 그때로 돌아갈 수 없기
때문일 것이다

머리 들고 가고 싶어도
정녕 가지 않는 것인지
못 가는 것인지
고단한 삶이 핑계라 할 수 없지만
금의환향 꿈꾸다 여기까지 왔다

귀성열차 오징어 땅콩 사세요
귓전에 들리는 듯하다
마음은 이미 오매불망 그립던
고향에 가 있다

나이 들면서

활짝 핀 꽃 보다 터질 듯 알밴
봉오리였으면 좋겠다
시들해진 꽃 쉽게 버릴 수도 없어
이래저래 그림자 뒤로 숨었다
나이 먹는다는 것은 삶의 계급장
그렇다고 벼슬이라고 할 수도 없다
사람들은 듣기 좋은 말로
황혼은 아름답다고 노래하지만
그런 척이라도 해야
노년의 품위를 지킬 수 있을 거라
믿기 때문일 거야

나이 들면서
이 말을 해서 무슨 사단이라도
난다면 걱정부터 앞서가고
당신이 오래 참으신 것도
못 본 척 못 들은 척
이기려 하지 않고 한발 물러섰던 것도
연륜에서 묻어난 지혜였나 보다
그랬던 아버지를 하나 둘
닮아가는 나를 본다

나이 들수록
지갑을 열라 한다
국민연금 노령연금 다 합쳐
몇 번을 계수해 봐도
두 자리 숫자 못 넘는다
어디 가서 본 좋게 제구실하기 어렵다
뭇사람들 틈에서 주저주저하는 것은
하도 나올 구멍이 뻔해서다

허세도 믿는 구석이 있어야지
반항도 힘이 있을 때나 하는 것
아닌가
사뭇 작아지다가도
돌아보면 고맙게도
하루 세끼 간식까지 먹는다
괜한 열등감으로 감사를 잃을 뻔했다

젊은 날의 초상화 - 봄

통통 건반 위를 뛰어간다
향기 묻은 선율 뿌리며
요동치는 희망의 속삭임

종달새 창공을 휘젓고 지지 배배
얇게 드리우진 살 얼음 장 밑으로
봄이 오는 소리 듣는다

겹겹이 포개지고 뒤엉킨 일들 이
죽도록 힘들어도 높은 곳을 향하여
신기루 닮은 길을 걷는다

붓 끝으로 스쳐가는 간지럼이
좋은 예감으로 꿈을 꾸지만
해마다 솔깃 한 남풍에 울고 웃는다

젊은 날의 초상화 - 여름

비 오는 날 소년이 그네를 탄다
검정 사리마다 벗어던지고
구호물자 하얀 삼각팬티 입었다

훨훨 날아올라라
높이높이 비상하며 세상을 보라
서울이 보인다 미국이 보인다

선생님 할까, 면 서기 할까
비장하면서도 청승맞게 꿈을 꾼다
온몸을 적셔주는 빗소리 들으며

젊은 날의 초상화 - 가을

어둑어둑 초저녁
쌀쌀한 바람 어수선하고
떨어진 낙엽 죄지은 것처럼
서로 끌어안고 꼼짝 않는다
휑하니~
맘보바지 하얀 양말 신고 수곤이 왔다 간다
황량한 거리에 버려진 것처럼
헤집고 들어서는 쓸쓸함이
너무 고독해서 사지 멀쩡한 두 다리 장승 되었다
금방이라도 허접한 골목에서
튀어나올 것만 같은 첫사랑 여인
안개꽃 속으로 숨어버렸다
지난여름 억수로 쏟아지는 소낙비를
고상한 척 낭만이라 생각하고
옷깃 세우고 흠뻑 맞고 걸으면서
몸의 열기로 김이 모락모락
나는 것을 보고 새 용기가 났다

누님
소낙비 내리는 날
초대해 주셨더라면
그 지독한 발 냄새로 어찌할 바 몰라
전전긍긍하지 않았을 텐데

휘감고 돌아가는 트위스트 바람이
배고픔 그리움 사랑 눈물
이런 것들을 끌어안고 간다
가을은 언제나 다시 와도 옛사랑으로 아프다

젊은 날의 초상화 - 겨울

내면화된 것이
더
퇴적되어 끈적끈적
떨어져 나갈 줄 모르고
시간이 쌓인 그루터기 되었다

요새화되어 버린 차가운 성벽
비좁은 문밖으로
고뇌하던 젊은 날의 몸부림 이
아픈 흔적으로 쏟아져 나왔다

사상이나 철학도 아닌
방황 갈등 사랑과 우정 궁핍 후회
일상에서 마주치는 해결해야 할
일들로 숨 차 오른다

천하고 천한 맹한 구더기도
똥 통을 기어오르다 떨어졌다가
포기할 줄 모르고 다시 올라
우뚝 서서 내려갈 길 살핀다

보라
무기력하고 소심 한이여
하얀 겨울 눈보라 속에서도 의연한
인동초의 혼을 배우자
가진 것 패기와 젊음
뜨거운 피가 흐르고 있지 않는가

천둥 번개

나 홀로
불 꺼진 밤
숨소리조차 커 부담스럽다

천지가 꽈다 당 꽝 박살 나는 소리
지근거리는 날 선 번개춤
장님 눈 뜨고 보는 사람 눈 먼다

양동이로 쏟아붓는 소낙비
음산하게 바람까지 불면
양철지붕 위로 귀신 곡소리

유년 시절 공포
천둥 번개 벼락 치는 소리
지금도 쉽지 않다

강아지풀

좁쌀 없는 조를 닮았다
고개 숙인 것까지

개 꼬리가 없었으면
뉘가 알리

솜털 같지만 적당히 센 촉감이
팔다리 스치기만 해도
간지러워 온몸 뒤튼다

푹푹 찌고 곰삭고 있는 여름이
가는 길목에서
긴 목 빼고 오실 님 기다린다

제2부

십자성의 추억

백마고지

포성이 멈춘 능선에는
높게 새털구름 떠가고
아스라이 개마고원 저 너머로
세상은 쥐 죽은 듯 고요하다

허리 잘린 조국의 산하
신록의 향연 푸르름 속에
길 잃은 전장의 꽃
빨갛게 피를 토하고 있다

어릴 적 동무 이름
총알에 실어 보내고
그리움이 눈물처럼 뚝뚝 떨어져
하얗게 지새우던 밤 기꺼이 젊음을 장사 지냈다

님이여, 님이여
핏줄 터지라
새벽닭은 울지만
아직도 어두운 침실에서 깨어날 줄 모르는구려

초병

다섯 겹 철조망 겹겹이 크레모아 두르고
올 테면 와 봐라 초병은 잠을 쫓는다
밤은 깊을 때로 깊었는데 어쩌자고 그러는가
조명탄 연기 뿌연 물감 되어 하늘에 퍼지고
정글 가까이서 따다 따다 콩 볶는 소리

교전이 한창이다
부릅뜨고 바라보는 초롱초롱 눈가에
십자성 별빛 유난히 밝아
두고 온 고향, 두고 온 사람 눈에 선하다

회상

향수를 부르는 남국의 밤
야자수 틈새로 쏟아지는 십자성 별빛
후덥지근 열대야 초병은 밤을 태운다
정글 속 화약 냄새 열풍에 실려와
두려움 공포 속에서도 젊은 병사의 투혼
꽃다운 청춘 꺾인다 해도
의연히 사내대장부 필사즉생
그날의 임전무퇴 백마의 혼이로다

생사를 같이 한 사람들아
님의 절규 총성의 울부짖음
먼저 간 혼령들 귀국선 기다린다
고향 산천 부모 형제 두고 온 사람
밤새워 울어라 그러면 잊히겠지
꽃잎처럼 가신 님이여
지워지지 않는 용사여

세월은 가고 또 가고 오는데
여전히 이 마음 어이할까
평생이고 지고 가야 할
절절한 그리움과 아픔을
봉로만 구석구석 알알이 박혀있어
오늘도 시린 가슴 다독다독 해 본다

피습

작전지역 정글에 투입되었다가
한 다리 절단되어
투이호아 호송병원에
누워있는 전우를 보고
살아있으니 다행이다 생각했다

돌아오는 일 번 국도 만두 고지 앞에서
V.C(베트콩)들의 기습 공격을 받았다
대응 사격으로 정신이 없는 와중에도
동작동 국립묘지가 떠올랐다

교전지역을 벗어나고서야
비로소 주위 사람들이 보인다
벅찬 안도감에 희열이 넘친다
죽지만 않는다면 전쟁은 오락 같다
앞서던 경호차 운전병
적탄에 유리 파편으로 얼굴에 피 낭자했다
하마터면 죽을 뻔했다고 서로 보고 웃었다

전우

작전명 들놀이
디데이(D - day) 폭풍전야
봉로만 앞바다 죽은 듯 고요하다
앞가슴에 수류탄 2EA
허리와 어깨에 두른 실탄 360 발
대검 차고
수통 4EA 탄띠에 매달면 등에 멘 배낭만큼 무겁다

철모 끈 질끈 끌어당겨 묶고
M - 16 앞에 총 침투 헬기에 올라탄다
귀신에 홀린 듯 뒤도 안 보고 떠났다

그 일이 있은 후 얼마 뒤
고국에서 연분홍 사연이 날아왔다
주인을 잃어버리고 이 사람 저 사람 손에
속 마음 열어놓고 수줍어하는 그녀에게

당신이 사랑했던 김 병장은
조국의 부름을 받고 자유 민주주의를
위해 싸우다 장렬히 전사했노라고
한동안 내무반에 침묵이 흘렀다

우상

지리산 공비 토벌에서 돌아온
병섭이 삼촌
허리에 권총 찼다

코뚜레를 바짝 움켜쥐고
그 큰 황소를 쥐락펴락하는
징구아저씨

포마드를 로션으로 알고
얼굴에 발랐던 기옥이 아저씨
어느 날 주막거리에서
삼용이 삼촌을 복날 개 패듯 한다

흑백 T.V에서 프로레슬링
김일 선수를 보고
생뚱맞게 전봇대 붙잡고
박치기 흉내로 이마에 혹 생겼다

철딱서니 없던 상상의 나래는
추억 속으로 떨어져 나가고
내 안에 또 다른 것들이
줄 서서 기웃거린다

별 다섯 군인 영화배우 판, 검사
대기업 사장
이러다 또 바뀐다

젊음을 타고 얼마나 달렸을까
황혼열차에서 바라본 오늘의 세상
오르지 못할 산이였는지
오르려고 하지 않았는지
늦게 알았다

코앞에 100 세 건강 푯말이
크게 보인다

보훈병원 쉼터

햇볕이 따뜻해서 좋다
누구라도 정붙여 말동무해서 더 좋다
불편한 군상들이 추억을 반추한다
푸념으로 내뱉는 가벼운 말도 주옥같은 무용담으로 듣는다
지팡이에 생사를 넘나들던 정글이 있었고
휠체어에 생사를 같이 한 전우의 피가 흐른다
이대로 다시 돌아가 전장에서 쓰러진다 해도
아직 노병의 가슴은 뜨겁다
골패인 얼굴 주름마다 그 많은 사연
언제나 다 풀어낼 수 있을까

독박

양쪽으로 길게 침상 관물함 나란히 손잡고 있다
한편에 소총 일 열 횡대 차렷!
페치카 앞은 군기 빠진 선임 병장 독차지다

취침 점호 끝나고 자정 넘어 보초 나갔다가
쓰나미 졸음 참으려고 맥없이 시어머니 시집살이
선임 시집살이 비교해 본다

교대 시간 훌쩍 넘었다
오겠지 오겠지, 최면 걸다 보면 뿌옇게 날이 밝아온다
이런 독박도 있구나

페치카 앞에서 빈둥대던 지존자여
한 번 물어나 보자, 미안하지도 않냐
빌어먹을 졸병 서러워 홧김에 말뚝 박아볼까
아, 그래도 그 시절 그립다

곱돌산에서

해발 215m 곱돌 산 방어 진지 리얼하다
산허리 야전삽으로 파 헤쳐 안전 통로
콘크리트 벙커 북쪽을 응시한다

조국 산하에 널리 피는 꽃
철쭉 진달래 이곳에서도 피련만
그 꽃 반겨줄 용사들은 다 어딜 갔을까
한반도 허리 잘려 아프다, 나도 아프다

오음리

첩보전도 아닌데 별나게 움직인다
밤차로 호로 치고 은밀히 도착한 곳
월남전 파병 한국군 전투 교육 훈련장

연병장 울타리 밖 물정은 알 수 없다
깜깜 밤 정숙 보행 깜깜 밤 지향 사격
우물 안 갇혀 4주간 훈련을 실전처럼

그래야 산다기에 이를 악 물었다
임지로 떠나던 날
쪽지 편지 던져 주던 미지의 소녀 그립다

남지나해 - 남중국해

난생 처음 큰 배 탔다
해외 출정 길 이제 첫 발인데
부산 오륙도 벗어나기 무섭게
파도와 싸움박질한다

곤혹스럽고 지루한 항해
불확실한 미래에 대한 불안감
이 길을 감당할 수 있을까
운명론에 빠진다

화장실 변기 앞 두루마기 휴지
참 고급스럽다
선상 홀에서 이름 모를 병사는
피아노 앞에 앉아 고향의 봄을 연주
울컥 온 길 되돌아가고 싶다

망망대해 갑판에 올라
손 잡힐 듯 스치는 귀국선 바라본다
작업 모자 벗어 들고 손 흔들며
엄청 소리 지르는 낯익은 제복

들리지는 않지만
측은지심 인가 힘내라 위로하는 듯
아니 살아서 돌아오라
숙제를 주는 것 같아 씁쓸하다

임무 마치고 돌아가는 모습
부럽고 부럽다
열풍으로 낯선 이국 땅
군악대 힘찬 환영 실감으로 다가온다

제 3 부

동행

아버지의 마음

사는 것이 숨만 쉰다고
사는 게 아니더라
철 따라 바꿔 입는 입성같이
허다한 일 들이 줄 서 있단다

애 낳고 키우고 가르쳐서
출가시키면 더할 나위 없다 했지만
여전히 그만해도 될 걱정을
사서 부리기도 한단다

얘야
아비가 되더니 철이 들었구나
너를 옆에 끼고 영어 가르치면서
잘못한다 체벌한 것이
두고두고 가슴이 아프단다

애야
아이 훈육은 체벌 없이
사랑으로 양육하거라
부자유친
인지상정
혈연은 물보다 진하다 하더라

첫사랑 온유

홀로 아방궁 열 달 살았으니 꽉 차게 산거다
방 빼라
그래 그 말이 그리 섭섭하거든 마음껏 울어라
세상이 들썩이도록

하늘 열리는 소리
천사의 노래
새 생명 귀하다

손가락 발가락 눈 코 입
그리고 머리카락까지
하늘이 주신 신비로운 보화로다

사방팔방 소리 질러
임금님의 귀는 당나귀 귀
온유가 왔대요

홀로 아버지

막걸리 한 잔에 외로움 달래시고
막걸리 두 잔으로 거친 삶 푸념으로
속상해하시더니
막걸리 석 잔으로 인사불성 되셨구려

갈 때 보고 올 때 보고 우연히 보아도
신성리 주막집에
늘 아버지가 앉아계셔
사람들은 아버지가 막걸리 집
주인인 줄 알았답니다

그때에 아버지는 무슨 상념으로
차마 자리를 뜨지 못했을까요
변변치 않게 강술만 드시던 당신
오늘따라 더 그립습니다

외갓집 가는 길

남 대지에서 북 대지까지 이십 리 길
사드락 사드락 외갓집 간다

논두렁 밭두렁 가로질러 가다
혓바닥 양 갈래 날름 거리는 꽃뱀 만나
등골 오싹 머리끝 쭈뼛하다
긴 풀 꺾어 휘 내저으면 스르륵
똬리 풀고 미끄러지듯 사라진다

고추잠자리 손에 잡힐 듯
가까이 왔다 멀어져 가고

쉬엄쉬엄 가는 길 느티나무에서
매미들의 합창소리가
뙤약볕 속으로 부서져 날아간다

길게 다리 뻗고 누워있는 호박넝쿨
그중 제일 큰 호박잎 따서
양산으로 쓰고 한나절 걷다 보면
온몸에 땀방울 송골송골

무지개다리 냇가에 풍덩 뛰어들어
멱 감고
터벅터벅 마당에 들어서면

아이고 내 새끼야 어서 오너라
외할머니 끌어안으시며
등 두드리신다

외할머니 품에서 엄마 냄새난다
무엇을 잃어버린 것 같아
남 대지 쪽을 한참이나 바라보았다

과꽃

삶에 찌들어 휘어진 모습이
눈에 밟혀 가슴 시리고 아픕니다
누나 올해도 과꽃이 피었습니다

그래서 어쩌라고는 하지 마세요
멀어져 가는 얼굴 그리다
콩알 만 한 심장
숯덩이처럼 까맣게 타버렸습니다

언년아 언년아
외할머니가 부르시던 이름
누나 진짜 이름은 신동희입니다

북대지 들녘에 누나가 어릴 적
찜 해놓은 나물들이 지천에 널렸습니다

누나
누나
사랑하는 나의 누나여
올해도 과꽃이 피었습니다
아리도록 가슴에 피었습니다

첫눈

밤새 아무도 모르게 까만 세상
하얗게 덧칠하다
아침 오는 줄 모르고 민낯 긴 꼬리 잡혔다
세상은 온통 눈송이 축제
첫눈은 이런 것이야 했어
상큼한 눈바람 뒷골이 청량하다

이렇게 설레는 것은
아마도 추억 속에 묻어있는 사랑이 소중해서일 거야
어떤 사람은 안동역에서
무릎까지 쌓이도록 기다린다는데
이심전심(以心傳心) 인연(因緣)을 이어주는 첫눈이면 좋겠다
그러면 나는 행복해서 한걸음에 네게로 달려갈 거야

눈길

발바닥 촉감 부드럽다
뽀드득뽀드득 소리
언제 들어도 정겹다

불어오는 찬 바람 옛 생각 묻어와
까맣게 타 버린 가슴속에 남은 재
눈길에 뿌린다

그러면 누군가 이 길을 걸으며
덮고 가려나
삶 속에 가시
애증 그리움 화해 고백 같은 거

다가온 이별

하늘땅 우중충하다
썰렁 이대로 체온이 식어가면
희망도 떠나는 것인가

얼음장 같았던 두 손 맞잡고
쉽게 말 못 한 것은
문밖에 이별이 무서워서

이른 봄 아지랑이 피어오를 때
틈 사이로 비집고 올라오는
새순이었으면 좋겠다

네가 내가 되고 내가 너 되어본다
우리 어찌하면 좋을까
반백 년 지고 온 보따리 속
인연 미련 연민
속세에 이는 바람
그래도 뭐라 인사는 해야겠지
일장춘몽이 이런 것인가

조카딸 지숙이

한번 가야지 가야지 하다
아내와 함께 먹골배 한 상자 들고
찾아갔다

그때 배고파서 울었겠지
등에 업고 큰길까지 걸어가며
보채는 아이 달랬는데

그 아이가 사위 며느리 볼 나이 되었다
화목해서 좋아 보였다

진작 와봐야 했는데 미안한 생각에
쓰잘데없이 두세 시간 집안 얘기로
수다 떨었다

참기름 한 병 들기름 한 병 송편 한 팩
쥐여주는 모습이 정겹다

수빈아 내년에는 청첩장 들고
할아버지한테 인사하러 오너라

그렇게 하지 않을지라도
속 시원하게 대답해 주니 좋다
오늘따라 둘째 형님이 더 그립다

손죽도의 향기

바다 냄새 듬뿍 담아 보내준 돌 미역
해풍 맞은 고들빼기 솔래솔래 바닥났다
눈 감으면 수중에 들고
눈 뜨면 천 리 밖에
그리다 지우다 하기를
아직도 여전히 하얀 머리 소녀
까르르 숨넘어간다

함박눈

어둠이 침실로 들어와 등불을 끈다
어지간히 엎치락뒤치락 궁상떨다가
새벽 첫닭 울고서야 부랴부랴 쪽잠 청한다

밤사이 함박눈 소복하게 내려
논두렁 밭두렁 구분 사라져
남북통일 완수
오늘 같은 날, 더 많이 손자 손녀 그립다

등 굽은 계급장 달고 가까스로 일어나
까탈 부리는 무릎 달래며
토방부터 어귀까지 가래질로 길을 낸다
누군가 올 것 같아
나포 산 누워계시는 어머니 함께 왔으면 좋겠다

어머니

열네 살에 시집와서
당신 시간도 없이
어쩌자고 덜컥 슬하에 칠 남매를

지독한 지병 서른여덟 봄날에
어리디어린 일곱 송이 흰 국화 품고
쫓기듯 바쁘게 가셨습니다

마당에 꽃상여 한참이나
몸부림치다
땡그랑 땡 소리 따라갔습니다

슬프디 슬픈
곡소리 뒤로하고
통채로 사랑도 떠나갔습니다

심장에 가시 박혀 아픕니다
십자 다리 건너가실 때
이승에 미련 훌훌 털고 가세요

서산에 지는 붉은 불덩어리는
한 맺힌 어머니가 토해 낸
피멍울입니다

밤의 한기

하도 풋풋해서
풀 냄새 풀 풀 났다
심쿵
파르르 손끝에
임의 옷고름 미끄러진다

나만 서두른다
주르륵 녹아내리는 뜨거운 촛농
심지 타들어 간 긴긴밤
희나리인가
연기만 피우다 꺼졌다
멋쩍게 밤의 열기 식었다
내일도 해는 뜨겠지

유택(幽宅)

봉분 깔끔하다
값나가는 석재 치장하고
호화로운 가문 이력 화강암에 새겨 한때 영화 뽐내고 있다
지난날 부귀영화 한여름 밤 꿈같으리

여기도 빈부격차
초라한 빈대 무덤 잡풀들 키 재기
빈티 절절 넘쳐 오지 않을 것 알면서도
음력 칠월 그믐까지 기다려 보자
누워있는 나 불편하지만 자식 노릇 못하는 너는 오죽할까

수석

억겁의 세월
불속에 춤추다
흐르는 물에 사정없이 할퀴고 나서
신분을 바꾸고 딴 세상을 산다

아스라이 수평선 끝으로 작은 산
그 산에 오르면 또 다른 세상 보일까

어머니 품속 그리워
벌떡 일어서서 큰 눈으로 바라보면
민망하게도 토라져 모습을 바꾼다
나는 그대로인데

동행

바람이 가는 곳이라면
쫄쫄 구름도 따라나섭니다
빌붙어 떠도는 속 빈 한량 같아도
그늘 드리우고 눈비 실어 나르면서 나름 몫을 다 합니다

빗장을 풀고 지내는 사람들이
얼레리꼴레리
고목나무에 꽃 피었다 놀려댑니다
그러니 잘 살아라 일침 놓는 듯하여
정신이 번쩍 들기도 합니다

당신이 색칠한 노을이 아름답습니다
다 담을 수 없는 오늘 하루도 그렇고
함께 했던 지난날들이 그렇습니다
늙을 막 가는 길이 행복합니다
당신은 바람난 구름입니다

봄비

차 한 잔 놓고 빗소리 듣습니다
맥없이 부질없는 생각 꼬리를 물고
너무나 허전해서 누구라도 내 곁에 있어 실없는
농담이라도 나눴으면 좋겠습니다

흠뻑 젖어 가는 대지 한층 더 녹음은 짙어 가고
부딪쳐 들리는 빗소리 조근조근 합니다
생기 넘치는 들꽃은 외롭지 않겠지요

이 세상 사랑이 없으면 어떻게 살까요
미소 속에 숨은 당신 눈부심으로 다가오고
비워지는 찻잔 속으로 봄비 내립니다

큰아이 생일

잠 설친 밤 꿈속은 뒤숭숭
뿌옇게 밝아오는 아침 창가
안개비 내린다

음력으로 삼월 이십이 일
너와 나 처음 만난 날
가슴이 뛰었다

문학을 좋아하고
운동도 좋아하고 꿈 많았던 아이
속도 깊었다

오늘 생일은 무엇으로 준비할까
보이지도 않고 먹을 수도 없는
그리움만 한 상 차려놓았다

가시나무 새

이 새벽
네가 왜 거기에
밤새 현관 앞에 쪼그리고 앉아 있다

문 여는 소리에 날아가 버렸다
아직도 궁금증만 남기고
하늘나라 아이가 왔다 갔나 보다

상사화

사랑한다는 말 읊조리기 만해도
가슴 저려 옹이 박힌다
그런 것 없으면 밋밋해서
사랑이 아픈 줄 모를 거야
가는 님 오는 님 속삭임으로
조용히 내 삶 속에 초대한다
어쩌면 전생에 운명이었는지도 몰라

이루지 못할 인연이라면
차라리 눈멀고 귀먹을 것을
긴 여름날 가슴 앓이로
붉게 핏 멍울 맺혔다
어이할꼬
엇갈리는 길 바로 갈 수는 없을까
숙명으로 살기에는 너무 애달프다

연모

옛사랑 그림자 신작로에서
멀어져 가고
호젓한 산길 들어서면
젖무덤 흰색 민들레
홀씨 되어 춤춘다

얼마나 그리워해야 만날 수 있을까
얼마나 아파해야 만날 수 있을까
탈탈 털려 마음 뺏기면
오장육부 허기지고
불 꺼진 골방 싸늘한 허전함이 짓누른다

보이지 않는 담장에 가려
내통할 수 없는 것을
공연히 성가시게 들춰내는 안타까움
아직도 부질없는 철부지 순정
솔 가지 사이로
빗살무늬 햇살 쏟아진다

접시꽃

밤새 부스럭부스럭
소슬바람 스쳐간 자리에
새벽이슬 병아리 눈물 자국
부챗살 햇볕으로 덮었다

아득히 멀리 청아한 목소리
하늘 창가 따뜻한 미소
천사 빼닮은 당신
빨갛게 얼굴 붉히고 서 있다

아직도 할 일 남아 있어
멀대같이 큰 키로 세상을 본다
꽃잎 지기 전까지는
지고지순한 사랑 접시에 담는다

제4부
새벽기도

파도가 온다

원양어선 타러 갔던 성근이 왔다
파도가 집채만 하고
큰 것은 산 만 하다고 했다

쓰시마해협을 건너갈 때
성근이 비웃었다
뻥쟁이라고

돌아올 때 성근이 말이 옳았다고
속으로 수십 번을 뇌까렸다

집채만 한 것 보았다
바닷물이 일어서서 달려와
니나호 쾌속선을 덮칠 때에는

오 신이시여!

높이 솟구쳤다 급강하
양옆으로 체 흔든다
키 위에 곡식 알 되었다
마구 까불어댄다

까무러치듯 여기저기서 우엑 우엑
토해 내는 소리 와중에도
누군가의 기도 소리 들린다

히타카츠에서 먹었던 도시락밥에
더 보태어 속 물까지 토해 냈다

크루즈선 타고 여행하는 것이
로망이라고 했던
이은혜 여사 꿈 접었다
나도 접었다

고씨네 집

송도 해변에 50년 맛집
90세 할머니 아직도 기운차다
어느 자식에게 대 물려줄까
실없이 나그네 생각 앞서간다
가리비 멍게 낙지 해삼 전복 말고도
가짓수가 많아 테이블이 비좁다
괜히 맛집일까 줄 서 기다린다
송도의 밤은 케이블카 한 운치한다
뒤로는 부산 시가지 야경 휘황찬란하고
앞으로는 확 트인 바다 쏟아지는 별빛 아름답다
길게 늘어서 밤낚시하는 사람들 구경은 덤이다

나가사키의 아침

소극장 스크린 크기만 한 평 유리 밖으로
솔개 한 마리 빙빙 돌고 있는 것 빼고는 한없이 평화롭다
적당히 높고 적당히 작은 집들 균형 이루고
어디선가 본듯한 푸른 숲 꽃과 나무들
거리를 활보하는 사람들 일상
한국 땅 어느 도시에 와 있는 것 같다
간판 글씨 없다면 누가 일본이라 할까

믿기지 않지만 팔십 년 전 팻맨의 유린
이 땅에 칠만 생명이 사지 몰리고 폐허가 된 곳
겉으로는 상처 치유된 것 같지만 역사는 아프다
그날은 지옥이었다
어떻게 그 세월 헤쳐 나왔을까
일본의 기적, 한강의 기적과 다를 바 없다
나가사키여, 나가사키여

덕혜옹주

이즈하라 골바람 한(恨) 서린다
홀연히 가신 님 돌아올 기미 없고
망국의 설음 뉘 알까
하늘이시여, 하늘이시여
대한제국 보호하소서

그리운 아바마마 만수무강하소서
나 같은 것 하나 괘념치 마옵소서
당신이 앉아 통곡하던 그 자리에
빈 의자 만 덩그러니
나그네 발길 차마 떨어지지 않는다

그립습니다

옥형
사람 사는 세상이 이렇습니다
산천은 그대로인데
가고 오고 사람만 바뀝니다
마치 달음박질 계주처럼

박꽃 시들듯이
질긴 인연 쉽게 끊고 가신 자리에
당신을 빼닮은 아이 서 있습니다

인생은 덧없어라
어찌할 수 없는 이치 앞에
우리는 꼼짝달싹 못 합니다

임종

하얗게 새벽부터 세상이 눈 범벅
발자국 없이 찾아올 사람 뻔해

나 없다
숨었다
헐떡헐떡 숨차다

속 뻥 뚫어지라고 태풍을 삼켰다
그러다 포기했다
애고 애고 곡소리 봇물 터졌다

생(生)이 간다

인고의 세월
세찬 풍파에 할퀴고 닳아 두 갈래 세 갈래
꼬아 만든 밧줄, 너덜너덜 풀어졌다
여미다가
포기하지 않은 것도 아닌데
툭
한 가닥 실오라기 끊어졌다
인공호흡기 줄 끊어졌다
운동선수 원덕이 가고 민석이 할아버지도 갔다

더 질긴 줄 될 수 없었을까
수리수리 마수리 주문 외운다
외 줄 타고 앉았다 등 미는 바람에 정신 번쩍 든다
가로수 은행나무 이파리 노랗게 질려 나가떨어진다
벌떡 일어서 스쿼트 해 본다

수능시험

부천 박 씨 아들 서울대 나와 판사 되었다
남양주 김 씨 아들 연세대 나와 대학 병원 의사 되었다

고 3 아들 두고 보니 들리는 소리마다
잘 된 자식들 소리만 들린다

재수시켜 좋은 대학 보내고 싶어
대치동 보내놓고 일 년 동안 행복했다

판사 아비 되었다, 의사 아비 되었다
그 외는 생각도 안 해 보았다

수능시험 발표하던 날 억장 무너졌다
속상해 그냥 한 소리인데

아들아
그렇다고 정말 머리 빡빡 깎고
들어오느냐
제 놈은 오죽하랴 싶다가도

다시 울화통 터진다
아비 위해 공부하라던 것이냐
다 제놈 잘 되라는 것이지

만만한 빈 소주 병만 늘어난다
제기랄 그놈의 수능

어머니의 성경 필사

뚝섬에서 넋 놓고 앉았다
한강 다리 위에서 하늘 보고 강을 보았다
질기고 질긴 혈연(血緣) 치맛자락 붙잡고 흐느낀다
하루 이틀 아니고 성수동이 싫다
지긋지긋한 술타령, 새벽에 끝나지만 이후 고통 오롯이
내 몫이다

무시(無視)로 시작해서 온갖 폭거(暴擧) 독(毒) 되어 퍼진다
알 수 없는 그의 고질병으로 심신이 지쳤다
납기일을 맞추려면 나라도 일해야지
서투른 일 달려들었다 절단기에 중지 잘렸다

이대로 추락하는 것인가
절망에서 빛을 보았다
이것이 아녔더라면 그 세월 어떻게 보냈을까

용서 안될 때가 더 많았지만
그때마다 긴긴밤 눈물로 꾹꾹 눌러쓰면서
하나님 남편을 불쌍히 여겨주소서

중지 하나 없을 뿐인데
자꾸만 볼펜이 빠져나간다
오늘도 내 삶 속에서 구약 39권
신약 27권이 나를 안위(安危) 한다

야월의 소리

살아있는 자들이여 우리가 울부짖는 것은
당신을 향한 복음의 소리다
빨갱이들 핍박으로 수장되고
생매장되고 죽창에 찔려
야월교회 전교인 65명 온몸 내어줄 때
금수강산 칠산로에 순교의 꽃으로 만장이 펄럭이었다
하나님 저들을 용서하소서
가해자 후손 피해자 후손 야월교회 집사 되고 장로 되었다

살아있는 자들이여 순교는 다시 사는 것이니
예수그리스도의 핏값이라
전심을 다해 선교하고 복음 전파에 목숨을 걸어라
오늘 당신이 이곳에 서서
우리를 불쌍히 여기지 말고 선교 현장에서 주를 보라
주는 그리스도니 그가 우리를 살리시리라
할렐루야 야월의 소리가 잠든 영혼을 깨운다

* 우리가 살아도 주를 위해 살고 죽어도 주를 위해 죽나니
 그러므로 사나 죽으나 우리가 주의 것이로다
 -롬 : 14장 8절-

사명자의 길

문준경 전도사
당신을 만나며 긴 울림으로
뜨겁게 가슴을 적십니다
죽기까지 연년이
독수리표 검정 고무신 아홉 켤레
그 발길 안 닿은 곳 없어
부르짖는 구원의 소리 어둠을 헤치고
백여 곳 교회 세워 하나님 나라 지경을 넓혔습니다

무릎 꿇고 피눈물로 시무했던 중동리 교회에
인자한 당신 모습 왔다가 멀어져 갑니다
아련한 아픔 속에서도 종소리 정겹고 평화롭건만
님이여 님이시여, 순교의 어머니시여
그날 기도바위에서 어떤 기도했나요

죽창에 찔리고 죽임 당할 때 그때도 주님만 의지했나요
당신의 숭고한 피가 증도에 90%
복음의 꽃으로 활짝 피었습니다
바닷가 순교의 자리에는
오늘도 그날에 피 울음소리 파도 타고 들려옵니다
당신 생각에 가슴이 미어집니다

새벽기도

내가 주 앞에 엎드리오니
나의 기도를 들어주소서
깊은 단전에서 끌어올리는 호흡으로
통회하고 애통하는
회개의 영을 부어주소서

그리하여 스올(Sheol)에 있을지라도
허망하고 외롭지 않게 하소서
완악한 나의 심령 죄로 인하여
슬프고 두렵고 무섭나이다
주의 장막에서 평안을 얻게 하소서

주여
나는 여전히 외식(外飾) 하나이다
내 죄를 자로 재지 마소서
너무나 크고 길어서 끝이 보이지 않나이다
내 죄를 저울로 달지 마소서
너무나 무거워 무엇으로도 들 수가 없나이다

주여
보이지 않는 곳으로 멀리 던져 흔적조차 없게 하소서
죄의 굴레에서 벗어나 하나님처럼 기억조차 안 하게 하소서
오늘도 이 새벽에 마음을 씻고
죄를 씻는 세수 기도를 합니다

나무수국

하늘로 쏘아 올린 솜사탕
나뭇가지에 걸렸다
뽀얀 얼굴 한눈에 들어온다

도란도란 네 잎새 얽히고설켜
두루뭉술 꽃단장 시절을 쫓는다

어느새 훌쩍 자란 꽃순이
이성에 눈멀어 벌 나비 초대로 목숨 건다

뭉치면 산다
설마 전설 같은 그 말 알았을까
다닥다닥 하얀 벌집 같다

동상례(東床禮)

펑펑 눈이 내린다
백포(白布)로 새신랑 두 다리 묶어
방망이로 발바닥 내리친다
신부 훔쳐 갔다는 죄명으로 곤욕을 치른다
진수성찬 뒷전
왜 하필 병수 삼촌은 짝사랑하던 춘자 누나를

그러든지 말든지
싸리나무 울타리 참새들
꽤나 시시덕 거린다
소란한 동상례(東床禮)
아무 일 없었던 것처럼 뒤풀이 화기애애
함박눈 뚝 그쳤다

등이 시리다

두툼한 이불
구들장 펄펄

허전한 옆구리
바늘구멍 황소바람

사람의 온기만큼
뜨거운 화로 없다

가신 님 어이할꼬
정(情) 고파 시리다

추락(墜落)

이럴 일 아닌데 배배 꼬였다
애초 서로 내키지 않아 번번이 삐꺼덕

갈수록 태산
이참에 분명한 메시지 보내자
급하게 저녁상 물리고 여의도 나와 바벨탑 쌓았다

전국 생중계 리얼하다
무너졌다
수많은 인파에 밟히고 밟혔다
후폭풍 심상치 않다

시비(是非)

지리적, 역사적으로 독도가 지 땅이라 우기면
대마도 우리 땅이지
먼 곳 가까운 곳 이것저것 둘러대 죄다 지 것이라
우기면 그것이 시비 거는 거지
이 버르장머리 어떻게 고치나
대마도에서 부산, 육안으로 보고 나니 더 속상하다

백제 문물 대마도 정벌 조선의 옛 땅
조공 바치던 왜놈 조선통신사
덕혜옹주
이게 어디서부터 잘못된 것일까
조상 탓해야 하나
어쩌다 이런 변, 조오련 선수 수영으로 건너간 대한해협
그날의 역사와 아쉬움과 미련이 둥둥 떠 있다

한여름밤 꿈

철썩 스펀지 깔아 아프지 않아 좋겠다
햇빛 반사되어 힐끔힐끔 하얗게
부서지는 파도 속으로 뛰어들었다
몸이 너무나 가볍게 뜨는 것을 보고
수영이 이렇게 쉽다고
아마도 꿈꾸고 있는지도 몰라

푼수 덩어리 축에 끼워주지 않던
춘자 물 위로 걸어온다
갈릴리 호수도 아닌데
내리쬐는 햇살 위로 고추잠자리 유영
왜소한 포도나무
딸랑 한 송이 알알이 좁쌀만 하다

함박눈처럼 별 쏟아지는 밤에
어린 황소 길들이기 바빴던
징구 아저씨 신작로에 서 있다
멀건 알타리 싱건지 들이마시고
통통 살찐 암퇘지 복권 입에 물고 들어오는 것을
나는 고대했을 뿐이다

갈대숲

가을 오는 소리 듣는다
노곤한 저녁노을 서산에 기울고
어둠 커 가는 길가에
어느 왕국 하늘 스쳐왔을 소슬바람 갈대숲 파고든다

채송화 핀 장독대 옆으로
긴 여름 비켜 간 자리에 아직 어머니 체온 따뜻하고
샘물같이 솟아 나는 추억 속으로 향수 몸부림친다

직선거리 손에 잡힐 듯한데
꼬불꼬불 맴도는 그리움, 또 하나의 형벌
송아지 망아지처럼 뛰어놀던 곳 단숨에 가고 싶어라

물총새 둥지 튼 갈대숲 초승달 애처롭게 뜨고
나는 멀리 아주 먼 곳에 와
아무도 손 닿지 않는 침묵의 무덤으로 드러눕는다

뒤 끝

많이 보고 들었다
사람만 있는 줄 알았더니
너까지
가는 여름 그렇게 싫다더냐
처서가 지났는데
어지간히 뒤끝 있네
더 버서 못 살겠다

옛날에
에어컨 없이 어떻게 살았지

소나기

묵직하게 쏟아붓는다
북 두드리는 소리

그러다
종이우산 위로 실로폰 소리

졸고 있는 가로등 불빛 뒤로
어물쩍한 새벽을 본다

나는 지금 어느 이름 모를 행성
어디쯤에서 서성일까

광활한 들녘을
바람이 밟고 스치기만 해도 가슴 철렁

아무 일 없었던 것처럼 이내
소나기 그치고 쥐 죽은 듯 고요하다

아직 날 밝으려면
아침 여는 아내의 발소리 들어야 한다

엎치락뒤치락
달아난 꿀잠 끌어안고 통사정
쌔근쌔근 소곤소곤 이명으로 듣는다

그대 그리고 나

주룩주룩 빗소리 너머로
세상은 한없이 고즈넉하다

찻집 지금은 우리 둘
아무라도 먼저 말을 꺼내면
들어 줄 텐데

고요 속 창밖을 보는 것으로 대화가 끝이 난다

그날도 그랬지
이내 망설이다 자리를 털고 일어서면

눈가에 가는 이슬 맺혔었지
라떼 한잔 속에 추억이 잦아들고

잡히지 않는 그 무엇을
나는 힘껏 한 움큼 쥐고 돌아선다

제5부

소소한 행복을 찾아서

애기똥풀

봄이어도 까칠하게 부는 바람은
구들장 식어버린 새벽처럼 썰렁하다
길 가 풀밭 한 무더기 눈에 띄는 애기똥풀
노랗게 활짝 꽃피웠다

꽃 수술 길게 목 빼고 님 기다리지만
혹여나 벌 나비 외도하는지 차일피일 감감무소식
허리 꺾여 흘린 노랑 피
남몰래 흘린 어머니 눈물 향기로운 사랑이어라

버들강아지 살랑살랑 춤추고
동행하는 말냉이 싸라기 꽃 하얗다

철쭉

보는 눈 행복합니다
지천에 꽃입니다
산과 들, 교회 마당 아파트 담장
오월 초입에서 바라본 세상 꽃들의 잔치 아름답습니다
하얀색 보라색 붉은색 철쭉 존재감으로 회려합니다
장미꽃 피기 전까지
아예 굳히기로 진홍빛 필살기 눈을 멀게 해
한판 대결 결판 지으려 합니다
한 이름하는 라일락 그냥 웃지요

오월의 몸살

숨통 더 크면 좋으리
배 터지라 마시고픈
상큼 달큼한 초록빛 냄새
싱그러운 오월만큼 일상이 기운차고 분주한 날 들 줄 서 있다

솜털 같은 새싹들 주렁주렁 꿈꾼다
오월은 푸르구나
우리들 세상, 낳으시고 기르시고
한평생 자식 걱정 바람 잘 날 없어 어버이 은혜 가없어라

스승의 가르침 세상을 일깨우고
행동하는 양심으로 근본을 세운다
그날의 함성, 금남로의 붉은 피 여전히 518은 아프다

이방 저방 해도 서방이 최고
그러는 서방 아내 없이 못 살아 부부의 강 흐른다
내일모레 딸아이 결혼기념일, 좋은 짝 만나 아들딸 낳고
알콩달콩 잘 살고 있으니 좋다

자갈이었고 모래이었던 당신과 나 콘크리트 집 지었다
가정이라는 이름으로 오월의 하루하루 특별하고 감사하다

꽃 길

흐드러진 무게만큼이나 수북이 떨어져 쌓여있다
나 죽었소, 숨죽이고 있다

남풍인가 싶어 다시 보니 질서 없는 맞바람
벚꽃 타작 매몰차다

어지간히 독하지 않고서야
차마 꽃잎을 밟고 걸을 수가 없다

봄 오는 소리

흔한 전화 한 통 없이
택배처럼 전령이 왔다
봄의 상징 꽃눈
여드름같이 오돌오돌하더니 가려워 참기 힘들었나 보다
툭이야 퍽이야 그럼 뭐야
아마 펑 터진 것일 거야
얼마나 벼르고 있었을까
활짝 산수유 꽃망울 터트렸다
벌 나비 좋겠다

겨울 덕유산

낮에도 별이 빛난다
눈 쌓인 둔덕 위로 조각 별 반짝인다
설원에 이는 바람 스키 눈보라
소년이 급히 내려오다 벌러덩
하얀 병풍 산수화 한 폭

우뚝 꼭대기에 오르면
눈에 보이는 것들이 산 산 산
태곳적 전설이 서려있다
상큼한 자연 청정기 공기 한 모금
이후로도 무한 리필(refill)

사소한 것도 별난 것처럼
인증 사진 필수
가볍게 눈(雪) 싸움하는 연인들
서툴게 수작 부리는 것도
아름답기만 하다

겨울 철새

반갑다
혹여나 구면이 아닐는지
떼 지어 하얀 행글라이더 타고 왔다
역마살 끼어 얼마나 있다 갈까
언제라도 떠날 채비를

실개천에 수십 마리
한 마리가 한 마리씩만 해치워도
치어까지 거덜 나겠다

쌩쌩 지나치는 자동차쯤이야
소 닭 보듯 익숙하다
머무는 동안 불편함이 없었으면 좋겠다

건강 검진 - 내시경 검사

속내 모르겠다
오장육부같이 살아도
말만 내 식구

전해 오는 소리
카더라 카더라 하는데
내내 머릿속이 혼란스럽다

의사 선생님 끔찍한 것은
싫습니다

아무일도 없을 거야
주문을 외우고 있다

홍시

숨 고르고
늦가을 석양이 토해낸 진홍 피로
온몸이 멍들었다
어렵게 떫은 정(情) 떨쳐버리고
다소곳이 윤기 사라진 옷 깃을 여미고 앉아 있다

예견된 일이지만
저항 없이 내어주는 알몸
무심한 손끝에 농익은 살갗 묻어 난다
말랑말랑 붉은 유혹
차마
못 할 짓이라도 한 것 같다

꿈

피었다
뒤죽박죽 하면서도
찬란하게 피었다
너무나 많아 헤아릴 수 없었다

간밤 보았던 꽃
그토록 선명하고 돋보였는데
희미하게 달아나며
잔상이 몸부림친다
이게 뭘까

아침이슬

용트림 해돋이 찬란하다
풀숲은 아침을 열고
풀잎마다 방울방울 보석들의 향연

어쩌면 저렇게 영롱할까
둥글게 부풀린 수정 보석
샛별처럼 윙크 설렘 훔친다

이내 해가 중천에 이르면
잎새마다 황소 눈물 그렁그렁
또르르 굴러 억장 무너진다

마른 바람에 눈물 닦고
홀연히 두꺼비 떠나면
가설극장 반짝 쇼 막을 내린다

자운영꽃

잔잔한 파도처럼
들녘에 아지랑이 출렁거리면
붉은빛 겹쳐 진자주색
수줍은 얼굴 붉히고 온 논배미 덮어 너울너울 춤춘다

세상 나와 한 뼘 자라기 전 척박한 땅에 온몸 던져
녹비로 돌아가는 날
갈아엎는 농부 쟁기질 앞에 꽃잎마다 눈물 뚝뚝

하늘이 허락한 슬픈 사랑
연년이 내어주기만 했던 고귀한 희생
향수에 목말랐던 그리움은 회오리처럼
고향의 푸른 들녘을 달려간다

조약돌

강가에 고만고만한 것 널브러져 있다
숨기도 하고 드러내 보이면서
만고풍상 견뎌낸 무용담 몸으로 말한다

수천수만 년 만신창 되어
세월에 씻기고 뭉그러져 간신히 심장만 남았다
손에 쏙 들어오는 것이 만만한 것들이지만
모두 그 속에 또 다른 세상 있다

주먹만 한 것들 어디에 좋을까
오고 가는 사람 발길에 차일까 봐
물보라 하얀 보자기 덮어놓았다

시화전(詩畵展)

느릿느릿 참 더디다
호수 둘레길 길게 성업 중
줄 서 기다림, 한 줄 시가 된다

이게 무슨 맛일까
허기진 시객들 시어에 담긴 세상
중언부언 들떠 퍼즐 맞춘다

거 하게 차린 한 상
고뇌하던 시인들 넋두리 속에
우리네 삶, 고스란히 녹아 있다

의림지에서

맥없이 물 보(洑)에 갇혀 있는 것 같아도
끌어안았다 흘려보내기를 억겁의 세월
시절 쫓아 민초들 척박한 삶 촉촉이 적셨다

노송 버드나무 다른 것도 치렁치렁 머리카락 호수에 담근다
쭉쭉 뻗어 치솟는 분수대 물발
크게 천막 치고 그 위 무지개 올라탔다

혼자 서는 한 발짝 갈 수 없는 포장마차 앉아
쪼르르 왔다. 쪼르르 가는 사람들
취향 알 수 없어 헤아리다 까먹었다

에스 유 브이(SUV) 자동차 만 한
오리들 유유자적(悠悠自適) 노닌다
호서지방 본가(本家) 문전성시
나도 그중 한 사람
노을 진 하루 꿈
모두 행복했으면 좋겠다

어떤 오해

고즈넉하다
호반 물으로
노송이 비스듬히 누운걸
버르장머리 없다 밧줄로 매여서
더는 못 눕게 했다
그것도 모르고
가지에 축 늘어진 밧줄 보고
방정맞은 생각
아, 이런 섬뜩하다
누구라도 목매면 어쩌려고
고작 나는 여기까지 인가보다

더위 먹은 독백

소낙비 한차례 혼쭐 빼놓고 갔다
고함치던 천둥도 갔다
후덥지근한 냄새 여전히 열대야
이리 뒤척 저리 뒤척 잠 청하기 쉽지 않다

손끝 만지작만지작
에어컨 리모컨
이번 달 전기 요금 얼마나 될까

건넌방 오리털 파카
오리털 이불 기다리고 있다
셈법 꼬였다

보라카이 해변 - 신안증도

모래 양탄자 그 위를 걷는다
발바닥 부드러운 촉감 머리끝이 간지럽다
발끝에 밀려와 부서지는 파도 모래 속으로 숨어든다

뜸방 섬 뒤로 끄트머리
점점 주먹만 한 섬까지 천사섬 보태고
수평선 멀리 종이배 떠 있다

파도에 시달린 모래 알갱이 밀가루 되었다
햇빛 반짝거리는 눈곱만 한 것들이
금가루일까 은가루일까
모래톱에 박힌 몽글 조약돌 부둥켜안고 깊은 잠들었다
어쩌다 밟힌 조개껍데기에 발바닥 아파 사랑은 늘 아픈 거란다

그것이 인생일 거야
모래 노트에 크게 써 논 손가락 글씨
가볍게 밀려온 파도 쓰윽 지우고 간다

저만치 길게 누워있는 갯바위, 엄마가 굴을 딸까
하얀 수건 머리에 쓰고 앉아 있다
까불대는 해풍 정겹다

감자꽃

하얗게 널브러진 소금꽃
누가 뿌린 꽃인가
안데스 두고 온 정 못 잊어
이곳에서 꽃피웠나
화전민 땀 밴 초록 바다
감자떡 옹심이 감자바우 뚝심
멀리 가까이 나비들 춤사위 뉘라서 그 시절 잊으랴
당신 덕분에 설렁설렁 넘어갔던 보릿고개를

시래기

단두대에 잘려 나간 긴 머리채
헛간 새끼줄 매달려 배배 말라비틀어졌다가
어느 날 보란 듯 깊어진 겨울 밥상 올랐다
앗싸
멋진 반전이다

초복

딩동댕 택배 아저씨 편에
김포로 시집간 딸아이 삼계탕 보내왔다
실한 닭 한 마리 품속에
대추 인삼 밤 찹쌀 은행 열매까지
고명 한 움큼 위에 실고추 나란히
딸 사랑, 사위 사랑 손주 사랑 골고루 섞어 보내왔다

문풍지

시베리아 광풍 설레발
달도 숨고 별도 숨었다
전깃줄 기타 줄 되어
윙윙 스산한 바람 소리 음계 이탈한다
울어라, 문풍지, 밤새 투레질하고
윗목 떠다 놓은 숭늉 한 그릇 꽁꽁 얼었다
뭉친 솜이불 서로 끌어당기다
날 밝으면
찢어지지 않은 것이 천만다행
간밤 흥부 가족 체온 유지 힘들다
선잠 설치고 아침 일어나면
온몸 삭신 쑤신다

네일아트(nailart)

당신은 마음껏 누리고 살아야 합니다
하루하루 아깝잖아요
당신은 소중하고 아름답습니다
누구라도 반할 것 같습니다
손에 물 묻히면 안 됩니다
누가 길 물으면
손가락 길게 펴 대답하세요
사랑하면 안 될까요
입술 가리는 손끝으로 봉숭아 꽃 피었습니다

용돈

이렇게 파리 날려도 조급하지 않을까
느긋한 것 같지만 속은 탈 거야
비가 내리거나
추운 날이면 공치는 날
날씨가 너무 좋아도
나들이 나가는 사람들 많아 손님 없단다

그러다 오랜만에
진목리 어머니, 봉수리 어머니 파마하고 염색도 했다
아 그랬구나
속 끓이며 번 돈 쉽게 줬구나
허투루 쓰면 벌 받겠다

조용한 오후

나만 바쁜 척했나 보오
돌아보면 별것 아닌데
그렇다고 한가로운 것도 아니어서
맥없이 시간 멈춘 듯 고요합니다

유유자적 둥실둥실 떠가는 구름 밑으로
키 큰 미루나무 졸고 있습니다
뭇 잡새 깃들이고 들락거려도 미동 없더니
고개 좌우 흔든 것은 바람 짓이라 합니다

텃새 비둘기 우르르 내려앉아 상관할 일 아닌데
여보 나그네여
왜 그리 헛발 들고 쫓으려 하오
몇 날 더 살아야 철들는지요

너무나 무료하고 거시기해서
그냥 해 본 거라 하니
북적북적해도 어서 세상 밖으로 나갑시다
지지고 볶는 소란스러운 곳으로

제6부
나의 달려갈 길

마지막 출근

신발장 거울 속 또 다른 내가 서 있다
너 떨고 있니, 아니다 떨긴
현관문 앞 배웅 나온 아내 새삼스럽다

엘리베이터 내려 몇 발짝 걸었을까
밀려오는 불확실한 미래, 두렵고 삭막하다
세상 짐 내가 다 지고 가는 것 같다

군대를 안 갔냐, 장가를 안 갔냐, 자식이 없냐
순리대로 살아라
되는 말 안 되는 말 비아냥 빗발친다

정년이 주는 파장 얼마나 큰지 너희가 알까
시간대 만났던 사람들 눈인사
출근길 버스 기다림도 이제 실루엣 되어 생각나겠지

난데없이 사장님이 계속 출근하시오
하면 무엇이 달라질까
개뿔 됐다, 여기까지다

여전히

어둠 걷히면
아침 오고
여전히
세상은 왁자지껄 --

나의 달려갈 길 - 정년퇴직 이후

이렇게 사는 것 맞는 것인지
아침 일어나면 딱히 할 것 없고, 갈 곳 마땅치 않아
무엇이든 해 보고 싶어도 마음 같지 않다
혹시 구인 광고 보고 찾아가면 나이부터 물어본다
갑자기 초라해지고 기가 꺾인다

아직 해야 할 일들 많은 것처럼 미련 많다
한순간 탈탈 떨린 것 같아 허탈하고
뭐라도 하지 않으면 스스로 몰락하는 두려움 크다
정신 줄 나사 풀린 것 같아 느슨한 환경도 불편하다
하루하루 따로 하는 일 없는데 기운 빠진다

세월 속절없이 가는 것 같아
급한 생각으로 하늘 보면 하얀 구름 여유롭게 떠간다
나도 저렇게 구름처럼 길 떠나야 하나 싶어
울컥 알 수 없는 서러움에 목구멍 뜨겁다
돌아보니 어지간히 많은 삶을 버텨 오기도 했다

이렇게 사는 것 맞는 것인지 눈치만 자란다
걸맞게 살기 쉽지 않다
좋은 인연 좋은 추억 부서져 나가는 것 같아 속상하다
추슬러 마음먹고 실없는 담소로 살을 부대끼고 싶어
행장 차리면 친구는 전화기 속에 머물고
동시대 살았던 사람들 하나둘 보이지 않는다

어렵게 내려놓고 비우고 살자니 다시 세상 보인다
때가 되면 꽃지고 낙엽 지는 것도 세상 이치
그것이 바로 나, 아침 떠오르는 태양 장엄하고
한낮 태양 눈부셔 볼 수 없지만
석양은 통째 눈에 담아도 아쉽고 아름답기만 하다
생명 있는 한 세월은 나를 응원할 거라 읊조리며
살포시 나를 다독여 본다

퇴뫼산

산에 산 사람 되어 산속 걷는다
건강 벗하고 도란도란 결사체
녹음 짙은 산행길 키 큰 나무 사이로 평이해서 좋다
호기로운 맨발의 청춘 저만치 앞질러 가고
뒤질세라 스틱 서둘러 내딛는다

산야초 자존감으로 의연하고
사방나무 배롱나무 사이로 별내 보인다
광전리 내곡리 사이로 퇴뫼산 요염하게 누워
서울 사람 남양주 사람 무차별 꼬드긴다
그러든지 말든지 묘하게 빠져드는 산

김 양식장

해맞이 포구 호수 같다
하도 잔잔해 잠자는 줄 알았다
그물에 포자 매달아 놓고
발아 염원하며 모터 달린 배로 꽤 넓은 밭으로 질주 본능
일확천금 바라는 것은 아니지만 부표 따라 꿈 영근다
세계인의 식탁에 김 풍성했으면 좋겠다

장흥의 밤

이곳에
태곳적 숨결 살아있고
때 묻지 않은 영혼 깃들어 있다

너무 고요해서
너무 성(聖)스러워서
숨쉬기조차 조심스럽다

잡 구름 한 점 없는
높고 넓은 하늘 궁전
와르르 별들 쏟아져 내린다

깜박깜박 졸고 있는 별
반짝반짝 빛나는 별
온통 세상은 호수처럼 맑다

북새통에 이따금 유성 곤두박질
까만 밤 하얗게 금이 간다
어릴 적 고향 밤하늘 더 그립다

녹동항에서

참 가깝다
팔 길이 조금만 더 길었더라면 손끝 닿을 텐데
100년 더 넘게 용천뱅이 애환 깃든 곳
소록도 눈앞에 있다

어이 발길 떨어졌을까
서러움 복받치는데
다시 못 갈 고향 산천
다시 못 볼 부모 형제 뒤로하고
임이여, 임이여 세월 속에 묻힌 임이여

당신 떠난 자리에 시대 아픔이 저려 오고
이별 재촉하던 뱃고동 소리 지금도 들리는 듯하다

빈 의자

겨울 연못 가장자리 갈대꽃
아직 고고(孤高)한 자태(姿態)
힘겹게 늦가을 그날에 머물고

썰렁 낙엽 진 가로수 응달진 길가 나무 의자
다시는 누가 올 것 같지도 않아
봄 올 때까지는

오래전
소년 철새처럼 멀리 갔다
귀소본능(歸巢本能)
세 발로 쉬엄쉬엄 걸어와 살포시 등 대고 앉았다

격세지감(隔世之感)
혼자인 듯 둘인 듯 소곤소곤 길게 날숨
여전히 편안하다
빈자리 내주는 낯익은 의자

놀이터

휑하니 다른 세상이다

화성인가
적막만 흐른다

그네 미끄럼틀
모두 주인 잃었다

영상 섭씨 35도
개점휴업 너 같으면 타겠니

옥수수

겹겹이 입은 옷 속으로
하얀 속살 통통하다
여물 대로 여물어 촘촘한 것이 헤벌쭉 웃는 황소 이빨
가지런히 누워있는 소쿠리 앞에 오 남매 서열 없다
도레미파 솔라시도 하모니카 경연으로 숨차다
소리 없는 연주 끝나고 무대에서 내려오면
알알이 뽑힌 자리에 푹푹 패인 눈물 자국만

여름밤

황톳길 풀 섶 곱다
물감 풀어놓은 듯 저녁노을 붉게 물들고
서둘러 떠나는 하루 해 어둠을 끌어들인다

외양간 누렁이 워낭 소리
육신의 고단함 토로하고
휘영청 밝은 달 검은 구름 덮었다
때는 이때라 있는 듯 없는 듯
풀밭 숨어있던 반딧불 세상

이따금 유성 빨랫줄처럼 길게 들녘에 내리꽂는다
멍석 깔고 앉아 수다 떨던 아낙네들
훌훌 자리 털고 일어서면
마당 끝 모깃불 꺼져간다

안 동네 개 짖는 소리 귀에 거슬리는데
덩달아 짖어대는 우리 집 개는 뭐람
벽시계 초 바늘 앞세우고 끈적끈적 여름밤을 실어 나른다

광릉 숲

수풀이 샤워한다
빗방울 떨어져 더위 비껴가고
쭉쭉 뻗은 나무 사이로 가랑비 내려와 얼굴 간지럽다
줄 잇고 가는 둘레 길 사람들
발걸음 소리 조심조심
빗 길 삐끗하면 어쩌나 다소 긴장감 흐르고
계곡 흐르는 물 활기차다
알아듣지 못할 소리로 고래고래 고함치며
굽이쳐 미끄럼 타고 간다
탄자니아 커피로 뒷 담화
오순도순 희희낙락, 남 얘기 빼면 할 이야기 뭐 있을까

알만 한 꽃들 명함 내밀고 벌 나비 부른다
사람 부른다, 바람 부른다
하얀 연꽃 빨강 연꽃
오가는 사람 눈도장에 옷고름 스르륵 풀어 헤쳐 연밥 되었다
물속에 노니는 잉어, 물 위로 고개 내미는 자라
작은 몸매 수련도 납작 엎드려 모양은 모양대로 다 갖췄다

조용한 산사 읊조리는 불경 소리 속세에 퍼지고
비 개인 오후 하늘엔 이글이글 불덩이 박혀있다

낡은 구두

뒤축 다 닳아 작은 키 더 작다
해지고 빛바래 흙 묻은 걸음마다
별것 아닌 것 같아도 또 다른 생채기

이런 것 아니었는데 별것 아니라지만
꿈속에서라도 꽃신 신고 싶다

수통골

초입 들어서면 맛집 쇼핑
어느 곳 가든지 한 끼 행복
앉아서 팔도 식객 되어 본다

시원스러운 계곡물 위로
머리 내민 버들치
바깥세상 기웃거린다

원추리 꾸지뽕 사이로 때죽나무
포도송이처럼 진한 연둣빛 열매
햇볕에 타들어 간다

키 작은 갈대 사이로 송사리
오밀조밀
비목나무 가지 길게 뻗어 있다

야트막한 너럭바위 앉아
흐르는 물속에 두 발 담그면
여름이 뒷걸음친다

담쟁이

가히 노송의 기품 사방 압도한다
청년처럼 꼿꼿하게 그저 곱게 늙어 가려 하는데
무슨 억하심정으로 구렁이처럼 돌돌 감아 옥죄이는가

누구라도 오르기 쉽지 않은 길 사명처럼 목숨 건다
억척스럽게 타고 올라 넓게 이불 펴 놓는다
겨울이면 따뜻해 좋을 것이고 여름이면 시원해 좋을 것이다

신분 상승 인가, 괜한 고집 인가
번지는 이파리 마디마다 숨 고동 소리
치열한 생존 몸부림으로 헐떡거린다
쉽고 낮은 펑퍼짐 길도 있는데 하필 사서 고생일까
하여간 팔자소관이다

해당화

어우렁더우렁
시절 좇아 곱기도 하여라

봉긋 속살 향수 뿌려 누구라도 눈멀 거야
독 술에 취했나
붉게 붉게 물들었다
그리움에 타다 남은 향기
구석구석 바늘 가시 되었고

잘게 부서지는 모래바람 불어도
흔들거리지 않아 좋다

여수 밤바다

날개 접고 이 밤 어느 곳에 깃들까
동백은 피고 지고
곱고 청아한 동박새 울음소리
이사부 크루즈 뱃고동 소리에 묻혔다

더 남쪽에서 불어오는 살가운 바람
밤바다 교향곡에 실려 흩어지고
템포 빠른 음악 두 다리가 기억 박자를 따라간다

둑 터진 물처럼 돌산 대교 밑으로 급하게 흐르는 물 은
가는 길이나 알고 가는 것일까

줄지어 가는 케이블카 위로 바람 빠진 열나흘 달
초름하게 떠 있다

선상 불꽃 쇼 따발총 소리
안개인 듯 구름인 듯 뿌옇게 하늘이 탈색되어 가고
낭만 콘서트 무르익는 여수 밤바다 야경 눈이 즐겁다

나는 지금 여수 밤바다 여수 밤바다
장범준의 노래 긴 여운으로 남고 거북선 대교 밑으로
충무공의 넋, 숨 쉬고 있다

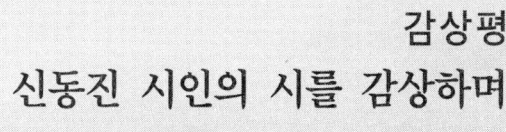

감상평
신동진 시인의 시를 감상하며
- 청림 서정원(현대문학사조 다솔문학 부회장)

감상평

신동진 시인의 시를 감상하며

청림 서정원 (현대문학사조 다솔문학 부회장)

1부 — 젊은 날의 초상화(삶의 황혼을 응시하다)

신동진의 시에는 노년의 삶과 퇴직 이후의 현실이 가식 없이 드러난다.

「나이 들면서」, 「마지막 출근」, 「나의 달려갈 길」 같은 작품에서 시인은 노년을 미화하지 않는다.

상실과 위축, 허무와 두려움이 교차하는 현실을 사실적으로 고백한다.

연금으로는 살아가기 어렵고, 사회적 소속은 잃어버린 채 "개뿔 됐다"는 냉소로 귀결되는 퇴직자의 심정이 적나라하게 펼쳐진다.

그러나 이러한 허무 속에서도 그는 작은 식사와 자연의 빛깔, 석양의 아름다움에 감사하며 또 다른 삶의 이치를 받아들이려 한다.

나이 듦은 단순히 쇠락이 아니라, 상실을 수용하고 작은 것에 감사할 수 있는 지혜로 나아가는 과정임을 보여준다.

2부 — 십자성의 추억(청춘과 전쟁의 기억)

시인의 또 다른 시 세계는 청춘과 전쟁의 체험에서 비롯된다. 「젊은 날의 초상화(겨울)」는 청춘의 치열함과 상처를 겨울 속에 담아내며, 꺾이지 않는 인동초의 생명력을 청춘의 상징으로 제시한다.

반면 「백마고지」와 「회상」은 전쟁터에서 스러져간 젊음을 애도한다.

신록과 구름의 평화로운 자연 풍경은 전쟁의 참혹한 흔적과 대비되어 더욱 비극적이다.

총알에 실려간 전우, 분단된 조국의 현실, 그리고 "님이여"라는 반복적 호소는 전쟁의 상흔이 아직도 개인과 민족의 기억 속에 살아 있음을 일깨운다.

시인에게 청춘은 한편으로는 꺼지지 않는 생명력, 또 한편으로는 비극적 희생으로 남아 있다.

3부 — 동행(가족과 신앙의 울림)

가족과 신앙은 시인의 삶을 지탱해온 또 다른 근간이다.

「아버지 마음」은 체벌에 대한 후회와 자식에 대한 끝없는 걱정을 솔직하게 드러내며, 부모의 사랑을 전한다.

「동행」에서는 부부 혹은 인생의 반려자를 바람과 구름에 비유하며, 함께 늙어가며 지탱해온 동행자의 의미를 노래한다.

또한 「어머니의 성경 필사」와 「새벽기도」에는 신앙의 정서가 깊게 배어 있다.

술과 가난 속에서도 성경 필사로 희망을 붙잡은 어머니

의 모습은 숭고하다.

시인의 새벽 기도는 죄와 무력감 속에서도 용서와 평안을 간구하는 간절한 고백으로 이어진다.

이 작품들은 가족과 신앙이 삶의 고통을 견디게 하는 원천임을 증언한다.

4부— 새벽 기도(자연과 사색의 공간)

신동진의 시에서 자연은 단순한 풍경이 아니라, 삶을 비추는 거울이다.

「조용한 오후」의 구름과 미루나무, 새들의 모습은 고요와 평온을 상징하지만, 결국 시인은 무료함을 견디지 못하고 다시 세상의 소란으로 발걸음을 옮긴다.

인간 존재의 아이러니가 자연 묘사를 통해 드러난다.

「홍시」에서는 늦가을 붉게 물든 감이 성숙과 동시에 무력한 소멸을 상징한다.

달콤한 성숙 뒤에는 언제든 누군가의 손끝에서 무너질 수 있는 허망함이 숨어 있다.

이처럼 그의 시는 자연을 통해 삶의 덧없음과 역설을 응시하게 한다.

5부 — 소소한 행복을 찾아서(지역과 역사, 그리고 문화)

시인은 특정한 장소와 역사적 맥락을 통해 공동체의 정서를 환기한다.

「여수 밤바다」는 남도의 바닷바람, 케이블카, 불꽃쇼, 그리고 장범준의 노래를 불러내며 현대적 낭만을 그린다.

동시에 거북선 대교와 충무공의 넋을 소환하며 역사적 울림을 더한다.

단순한 관광지의 묘사가 아니라, 지역적 정취와 민족적 자긍심이 결합된 시적 공간을 창출한다.

그의 시에는 개인적 감정과 공동체적 기억, 전통과 현대가 어우러진다.

6부 — 나의 달려갈 길 (종합적 의의)

종합해보면, 신동진의 시 세계는 노년의 고백과 감사, 청춘의 고통과 패기, 전쟁의 기억과 애도, 가족과 신앙의 울림, 자연의 성찰, 지역과 역사의 낭만이라는 여섯 갈래로 이루어진다.

작품마다 유머와 위트가 배어 있으면서도 그 속에는 깊은 삶의 철학이 숨어 있다.

해학과 눈물, 그리고 가슴 벅참이 어우러지고, 진한 가족애와 신앙의 울림이 살아 있다.

시인은 삶을 과장하거나 미화하지 않고, 있는 그대로의 현실을 담담히 보여준다.

그러나 그 현실은 단순한 체념이 아니라, 감사와 성찰, 역사적 기억과 공동체적 자긍심으로 승화된다.

주옥같은 신동진 시인의 시 세계 속으로, 이제는 독자들이 깊이 빠져들 차례다.

그 감동은 아직도 파도처럼 밀려든다.

신동진 시집

세월을 품은 노을이 아름답다

초판 발행일 2025년 9월 26일

지은이 신동진

펴낸이 양상구
웹디자인 김초롱
펴낸곳 도서출판 채운재
주소 우) 01314 서울시 도봉구 시루봉로 15라길 38-39 301호
전화 02-704-3301
팩스 02-2268-3910
H·P 010-5466-3911
E-mai ysg8527@naver.com

정가 12,000원
ISBN 979-11-92109-96-1(03810)

@ 신동진
* 이 책은 저작권법에 따라 보호받는 저작물이므로 무단전재와 무단복제를 금지하며 이 책의 내용 전부 또는 일부를 이용하려면 반드시 저작권자와 도서출판 채운재의 동의를 받아야 합니다
* 파손 및 잘못된 책은 구입처에서 교환해 드립니다